Hessens kleinste Stadt

Schloßborn im 15. Jahrhundert

Herausgegeben im Auftrag des Heimat- und Geschichtsvereins Schloßborn

2023

Christoph Klomann

Hessens kleinste Stadt

Schloßborn im 15. Jahrhundert

Ich widme dieses Buch meinem Freund Joachim Frankenbach. Ohne Dich und Deine immerwährenden Bemühungen um die Finanzierung, wären diese einmaligen Projekte nicht realisierbar gewesen. Dankeschön für Schloßborns Aushängeschilder Ringmauer-Dokumentation und Diorama.

© 2023 Christoph Klomann

Herausgeber: **Heimat- und Geschichtsverein Schloßborn 1999 e.V.**
Titel: **„Hessens kleinste Stadt"**, *entnommen aus einer HR-Fernsehproduktion aus 2020 für die Sendung „Maintower", die über unser Modell berichtete*
Illustration Titelbild: **BoD**
Satz: **Christoph Klomann**
Korrekturlesung: **Beate Sauer**

1. Auflage Februar 2023

Herstellung und Verlag: BoD – Books on Demand, Norderstedt
ISBN 978-3-74123-734-8

Printed in Germany

Alle Rechte vorbehalten. Nachdruck, auch auszugsweise, verboten. Kein Teil dieses Werks darf ohne schriftliche Genehmigung des Autors in irgendeiner Form reproduziert oder unter Verwendung elektronischer Systeme verarbeitet, vervielfältigt oder verbreitet werden.

Inhaltsverzeichnis

01	Zeittafel (zu diesem Buch)	8
02	Die Vorgeschichte	10
03	Kontaktaufnahme mit Udo Schlemmer	19
04	Der Bau der Unterkonstruktion	21
05	Aufstellung der Unterkonstruktion und Beginn der Arbeiten bei Udo Schlemmer in Oberursel	25
06	Ortsgestaltung	30
07	Die erste Kirche wird verworfen	34
08	Das alte Dorf entsteht	36
09	Sonderanfertigungen Schützenhof und Haus Langstraße 16	40
10	Ausarbeitung der Details	42
11	Transport nach Schloßborn	44
12	Wiederaufbau in Schloßborn	49
13	Detailfotografie	52
14	Totaldarstellungen	65

Das erste (verschollene) Modell der Schloßborner Ortsbefestigung von 1927. Für einen Umzug montiert auf einem Pferdefuhrwerk. Das Bild entstand am heutigen Caromber Platz, Weiherstraße/Ecke Dattenbachstraße.

01   Zeittafel (zu diesem Buch)

985~	Bau der 1. Kirche von Schloßborn, der Holzkirche, durch Erzbischof Willigis von Mainz
	Weihe der Holzkirche durch Bischof Staggo
990-992	Gründung Stift St. Stephan zu Mainz durch Erzbischof Willigis, Übertragung von Brunnon (Schloßborn) in das Stift St. Stephan
1043	Weihe der Steinkirche zu Brunnon durch Erzbischof Bardo
	Erste urkundliche Erwähnung Schloßborns durch Erzbischof Bardo (Bardo-Urkunde)
	Bestätigung des ca. 150 km² großen Sprengels von Brunnon mit genauen Grenzbeschreibungen
1102	Ersterwähnung Idstein
1122	Ersterwähnung Eppstein
1150~	Abspaltung von Dorfweil, Schmitten, Arnoldshain und Reifenberg aus dem Schloßborner Sprengel
1196	vorläufige Abspaltung Oberjosbachs aus dem Schloßborner Sprengel
1200~	Gottfried I. von Eppstein wird die Vogtei über den Schloßborner Pfarrbezirk übertragen
1220~	Gegenpfarrei Niederseelbach entsteht. Abspaltung von Königshofen, Niederseelbach und Engenhahn aus dem Schloßborner Sprengel
	Oberjosbach bleibt hingegen bei Schloßborn
1242	Siegfried III. von Eppstein zerstört Wiesbaden
1280~	Kampf zwischen Gottfried III. von Eppstein und Adolf von Nassau
	Zerstörung der Oberjosbacher Kirche
1283	Niedernhausen, Obernhausen, Oberseelbach und Lenzhahn werden nassauisch und damit vom Schloßborner Sprengel abgespalten
1317	vollständige Eingliederung Schloßborns in den Eppsteinischen Machtbereich

1351	Bau des Schützenhofs (ältestes noch bestehendes Gebäude Schloßborns)
1361	Die Nassauischen Grafen ernennen Heftrich zur Stadt
1369	Eberhard I. von Eppstein lässt ein festes Haus mit Turm in Schloßborn errichten (dieses Schloss gibt später Schloßborn seinen Namen)
1433	Trennung des Hauses Eppstein in „Eppstein-Münzenberg" und „Eppstein-Königstein"
1442	Ausbau Schloßborns zu einer Ringmauer-Festung mit 7 Türmen und 1 Doppelturmtor
1505	Kaiser Maximilian I. erhebt Königstein zur Grafschaft
1535	Die Herren von Eppstein sterben aus Die Festung Schloßborn fällt an Graf Ludwig von Stolberg Beginn der Reformation
1568	Kaiser Maximilian II. erhebt Schloßborn zum Flecken
1574	Schloßborn fällt an Graf Christoph zu Stolberg
1581	Stolberg stirbt kinderlos Schloßborn fällt zurück zu Kurmainz
1595	Erste Erwähnung einer Schule mit 2 Lehrern und 102 Kindern in Schloßborn Abtretung Waldkröftels an Nassau-Idstein
1597	Verbrennung zweier Frauen aus Schloßborn wegen angeblicher Hexerei in Königstein
1604	Schloßborn wird wieder katholisch
1618	Beginn des 30-jährigen Krieges
1631	König Gustav II. Adolf von Schweden zerstört die Festungen Schloßborn und Königstein
1648	Ende des 30-jährigen Krieges
1666	Pest in Schloßborn
1667	Verbrennung sämtlicher Kirchenakten in Schloßborn

02   Die Vorgeschichte

Es war das Jahr 2016. Ich traf mich des öfteren zum Austausch über die Historie Schloßborns mit dem damaligen Vorsitzenden des Heimat- und Geschichtsvereins Schloßborn, Joachim Frankenbach. Er erzählte mir von seinem Projekt „Außendokumentation Ringmauer", welches er als „sein Baby" bezeichnete.

5 von 9 Informationstafeln des Projekts „Außendokumentation Ringmauer Schloßborn". Standort: Pfarrgasse, Aufgang zum Türmchen

Ich erzählte ihm von einer Königsteiner Initiative, die zum Ziel hätte, die Burg Königstein in 3D, am Computer, zum Leben zu erwecken und dass ich mir so etwas auch für Schloßborn vorstellen könnte. Es wurde vereinbart, dass ich zu den Voraussetzungen für so ein Projekt Erkundungen einziehen sollte. Nach Rücksprache mit einem Computer-Spezialisten wurde mir schnell klargemacht, dass so ein Projekt Unsummen an Zeit und damit auch Unsummen an Geld verschlingen würde. Kurz, für unseren Verein nicht zu realisieren. Bei unserem nächsten Treffen teilte ich das Joachim mit. Ich sagte ihm aber auch, es gäbe vielleicht die Möglichkeit, die alte Ringmauer wieder nachzubauen, nämlich so, wie es unsere Vorfahren in den 20er Jahren des letzten Jahrhunderts schon einmal getan hatten, nur realistischer.

Das verschollene Modell aus 1927

Joachim fand die Idee hervorragend und gab mir quasi den Auftrag genau das zu tun. Er sagte, ich solle ihm sagen, was das in etwa kosten würde und dann mit den Arbeiten beginnen. Da ich von Beruf Schreinermeister bin, traute er mir das wohl ohne große Bedenken zu. Ich hatte jedoch nicht mit einer sofortigen Beauftragung gerechnet und fing erst einmal zu rechnen an. Nach den ersten Recherchen zu Miniatur-Baustoffen und auch der Zeit, die man für so ein Projekt benötigen würde, war klar, das wird zu teuer und ich schaffe das unmöglich alleine. Ich fragte also bei befreundeten Schreinern aus Schloßborn nach, ob sie mitarbeiten wollten. In den Gesprächen wurde mir zwar grundsätzliche Hilfe zugesichert, aber auch Bedenken geäußert bezüglich des Arbeitsumfangs. Etwas entmutigt, blieb das Projekt dann erstmal in der Schublade liegen. Joachim war ja auch mit „seiner" Außendokumentation, den Alutafeln, den Beschriftungen, den notwendigen Baumaßnahmen vor Ort, vollauf beschäftigt.

2 Tafeln vor dem Heimatmuseum am Standort des alten Haupttores

2 Tafeln vor dem ehemaligen Gasthaus „Zur Burg", Burgstraße

Etwa ein Jahr später las ich in einem Zeitungsartikel über die Arbeiten eines gewissen Herrn Schlemmer aus Oberursel. Herr Schlemmer hatte das vielgelobte Modell der Festung Bommersheim im Maßstab 1:87 erbaut und war somit auch ein potentieller Kandidat für den Nachbau unserer Ringmauer. Nach Rücksprache mit Joachim nahm ich also Kontakt mit Udo Schlemmer auf, der mir nach kurzer Bedenkzeit sein Interesse bekundete.

Parallel zu den Gesprächen mit Herrn Schlemmer begannen auch die Recherchen. Unser damaliges Vereinsmitglied, Alwin Klomann, hatte im Jahr 2015 schon wertvolle Vorarbeit geleistet. Sein Buch „Die Schloßborner Ortsbefestigung – Ringmauer und Türme" enthielt viele wichtige Hinweise, teilweise auch von Altbürgermeister Johann Friedrich Marx, aus längst vergangener Zeit, auf die ich natürlich gerne zurückgegriffen habe. So konnten wir relativ problemlos den Ringmauerverlauf, die Standorte von 5 der 7 Türme, von Pforten und Doppelturmtor in das Modell übertragen.

Weiterhin wurden sämtliche Standorte von Häusern, die im 15. Jahrhundert schon standen, festgelegt. Hierunter zählten das Schloßgebäude, die Kirche, der Schützenhof, das Backes, die Hirtenhäuser, die Schmiede, Wohnhaus Stippler und Haus Langstraße 16. Über den damaligen Straßenverlauf, über den Verlauf der inneren Ringmauer und die Brunnenstandorte wurde in einem Kreis von älteren Einwohnern, nach bestem Wissen und Gewissen, entschieden. Mir oblag es dann wieder, diese gesammelten Informationen per Mail, Telefon oder direkt vor Ort in Oberursel an Herrn Schlemmer weiterzugeben.

Eine weiter von mir genutzte Recherchequelle war das vielgelobte Buch „Die Pfarrkirche St. Philippus und Jakobus in Schloßborn vor, während und nach 1955" von Hermann Gossenauer aus dem Jahr 2005. Hierin beschreibt er sehr schön seine mehr als nur begründete Vermutung, dass die ersten beiden Kirchen Schloßborns, die Holzkirche des Willigis von ca. 985 und auch die Steinkirche des Bardo von 1043, dem heiligen Andreas geweiht waren.

Rechts das Pfarrsiegel der Pfarrei Schloßborn von 1770 mit der Abbildung des heiligen Andreas

Der Umstand, dass Kirchen des Mittelalters nicht nur geostet (Blickrichtung der Gläubigen nach Jerusalem), sondern auch nach ihren Titularheiligen ausgerichtet wurden, den s.g. Morgenweiten, brachte Herman Gossenauer auf die Idee, unsere heutige Kirche hinsichtlich ihrer Ausrichtung zu überprüfen. Die exakt gemessene und mit Hilfe ihrer Koordinaten ausgerechnete Abweichung von +13° passte nicht zu Philippus und Jakobus (-24°). Erst nach der Addition der Morgenweite des heiligen Andreas (30. November) von +37° ergab alles einen Sinn. Jetzt konnte man sich auch das oben abgebildete Schloßborner Pfarrsiegel von 1770, welches den heiligen Andreas zeigt, erklären.

Für mich bedeutete diese wichtige Information, dass sich die Kirche im Modell nicht an der Ausrichtung der heute noch stehenden Kirche von 1713 orientieren durfte, sondern nach der Morgenweite des heiligen Andreas. Denn die Kirche im Modell ist die Kirche des heiligen Bardo aus dem Jahr 1043, der diese hier in Schloßborn persönlich einweihte. Aus seiner Vita lässt sich ableiten, dass der 30. November, der Patronatstag des heiligen Andreas, gut passen könnte. Vorher in 1043 hätte es für eine Weihe einer Kirche auf dem Land, für Bardo kein Zeitfenster gegeben. Er feierte Weihnachten 1042 zusammen mit Kaiser Heinrich III. und dessen Mutter, Kaiserin Gisela, mit der Bardo weitläufig verwandt war, in Goslar. In Anwesenheit Bardos verstarb Gisela am 15. Februar 1043 in Goslar und wurde durch Bardo in Speyer beigesetzt. Im weiteren Verlauf des Jahres verlobte sich Heinrich III. mit Agnes von Poitou. Bardo krönte Agnes in Mainz zur Königin und vermählte sie mit Heinrich in Ingelheim. Die Feierlichkeiten waren am 28. November 1043 beendet und Bardos erste wichtige Amtshandlung danach war, die Weihe der 2. Kirche zu Schloßborn, unserer Bardo Kirche.

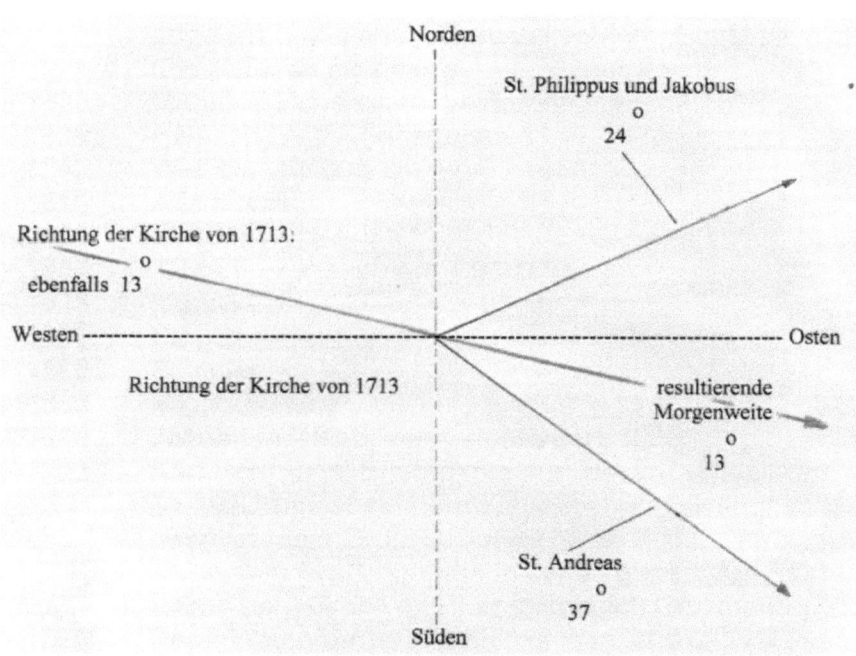

Morgenweiten der Pfarrkirche in Schoßborn

Nach der Einzeichnung der Bardo-Kirche mit ihrer Ausrichtung nach Andreas ergab sich folgendes Bild:

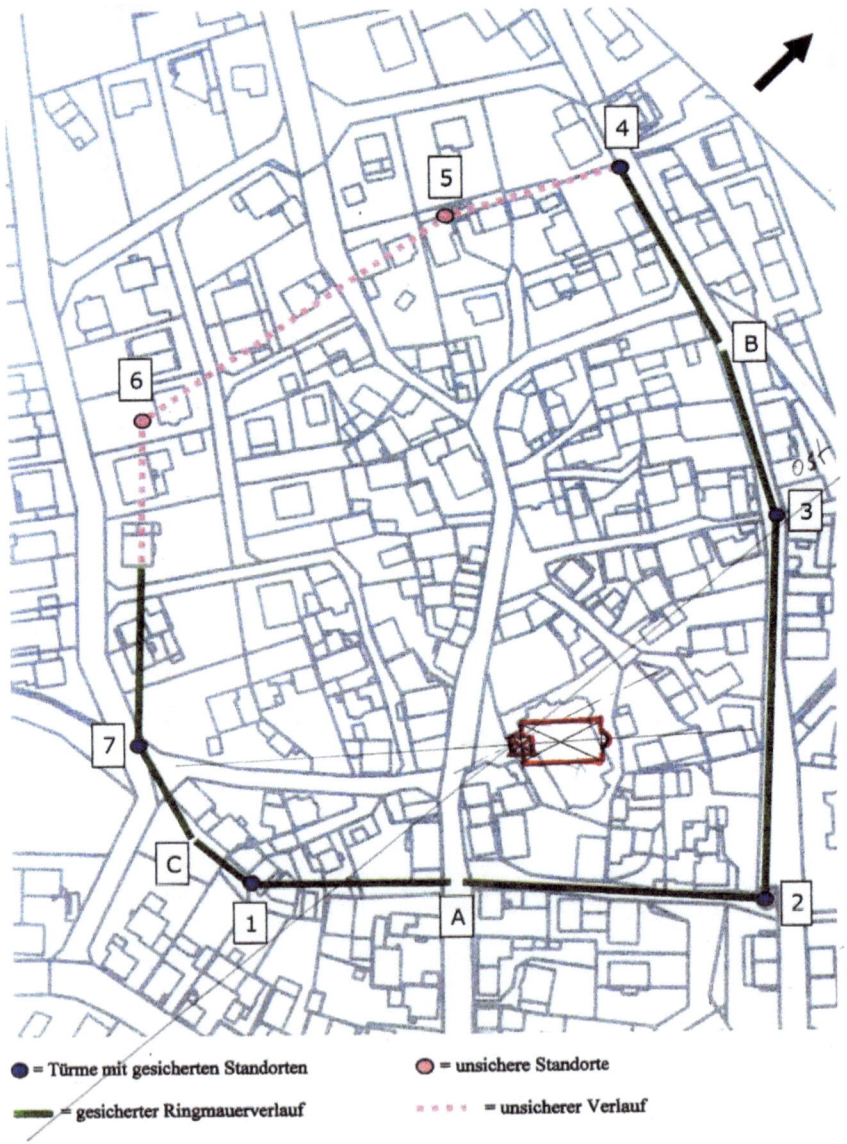

Sehr schön konnte man erkennen, dass sich der Verlauf der Ringmauer an der Bardo-Kirche orientierte. Die Ringmauer wurde erst 399 Jahre nach der Kirche errichtet und nahezu im rechten Winkel um sie herum gebaut. Eine Ausnahme bildet hierbei nur der nordöstliche Teil der Ringmauer und der Schlossbereich. Diese wurden den Gegebenheiten des Geländes angepasst.

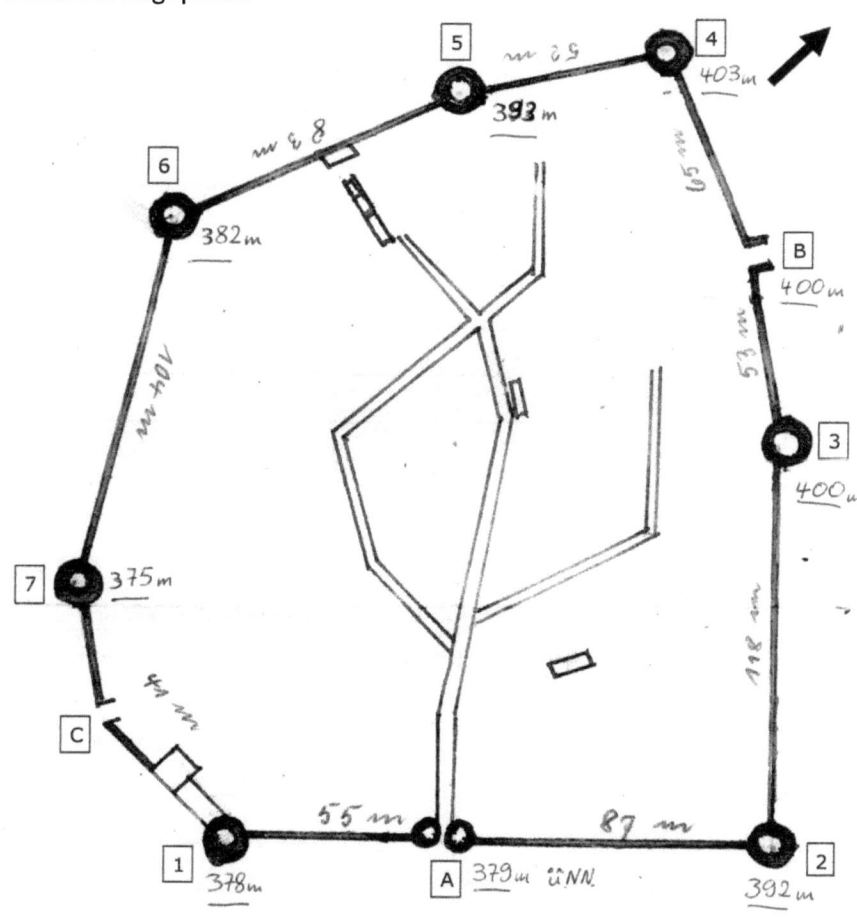

Skizze der Turmstandorte von Johann Friedrich Marx, entnommen aus „Die Schloßborner Ortsbefestigung" von Alwin Klomann, 2015
Die Kirchenausrichtung ist hier noch falsch eingezeichnet.

Auf der Skizze von J.F. Marx aus dem Jahr 1938, sind sowohl die Turmstandorte, als auch die Längen zwischen den Türmen eingetragen. Nachträglich ergänzt wurden nur die Höhenangaben über NN., die ich per GPS ermittelte. Interessant war eine Verbindungsgasse zwischen Erbsengasse (Teil der heutigen Burgstraße) und dem Backesplatz als damaligem Dorfmittelpunkt.

Anton Horn ist es 1980 gelungen, eine relativ genaue Skizze anzufertigen. Entnommen aus seinem Buch: „Villa que dicitur Brunnon, Burne Born Schloßborn", 1986

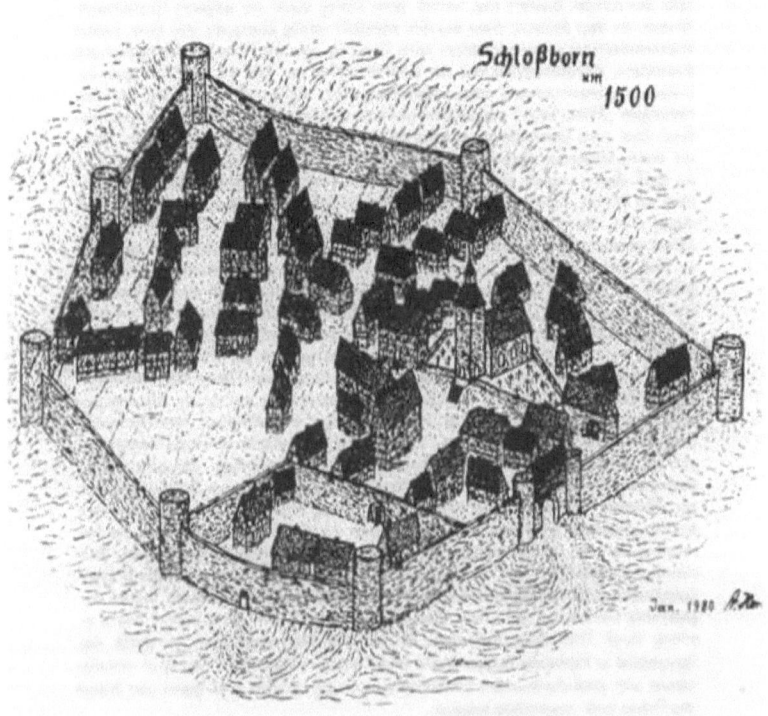

Eine Skizze von Anton Horn aus dem Jahr 1980. Vielleicht zufällig war die Kirche schon richtig ausgerichtet, wenn sie auch in ihrem Aussehen eher der Kirche von 1713 nachempfunden ist.

03   Kontaktaufnahme mit Udo Schlemmer

Das Diorama von „Bommersheim" bei Oberursel hat uns von den Fähigkeiten von Udo Schlemmer überzeugt.

Mittlerweile war, seit den ersten Ideen für ein 3D-Modell, schon über ein Jahr vergangen und Joachim Frankenbach war, aus gesundheitlichen Gründen, vom Vorsitz des Heimat- und Geschichtsvereins zurückgetreten. Seine Nachfolgerin war Linda Godry, die aber das Projekt ebenso unterstützte. In ersten Gesprächen hatte sich der neue Vorstand auf einen fünfstelligen Betrag verständigt, der für das Modell zur Verfügung stünde. Udo Schlemmer ließ sich auf diese Summe nur unter Vorbehalt ein, da er den genauen Umfang der Arbeiten noch nicht hundertprozentig absehen konnte. Bei einem Treffen zeigte uns Udo Schlemmer einige seiner Dioramen und konnte damit letzte Bedenken bezüglich seiner Fähigkeiten zerstreuen. Es wurde vereinbart, dass er nach der Lieferung der Untergestelle mit den Arbeiten beginnen solle.

Zu Demonstrationszwecken baute uns Udo Schlemmer vorab das Eingangsportal der Schloßborner Ringmauer, welches im Original in der heutigen Langstraße, Ecke Pfarrgasse, stand. Wir bemängelten das fehlende Fallgitter, welches später noch hinzugefügt wurde.

04 Der Bau der Unterkonstruktion

Der Bau der Unterkonstruktion wurde bereits Ende 2019 in meiner Schreinerei in Niederselters durchgeführt. Die Materialkosten wurden vom Heimat- und Geschichtsverein übernommen.

Die Außenmaße des Modells wurden so festgelegt, dass ein Aufstellen des Modells im Heimatmuseum möglich ist. Es musste Sorge dafür getragen werden, dass das fertige Modell noch tragbar ist und durch alle Türen passt. Deshalb wurde die Unterkonstruktion viergeteilt und alle Füße abschraubbar geplant. Mit dem Vorstand wurde abgesprochen, dass das Modell zwar streng im Maßstab 1:87 gebaut werden sollte, aber die Ringmauerlängen zwischen den Türmen um jeweils 10% verkürzt werden sollten. Ein Nachbau in Originalgröße hätte eine Grundplatte von etwa 6 auf 3 Meter erfordert und damit unser Platzangebot im Museum überfordert.

Die Zargen der Unterkonstruktion wurden aus 19mm Birke-Multiplex gearbeitet

16 höhenverstellbare Füße aus Eichenholz tragen das Modell

Beim Anschrauben der Füße

Die Ausmaße (5 x 2,5m) des Modells werden sichtbar

Die Standorte der Türme, des Stadttores und der Kirche werden entsprechend ihrer Höhe im Gelände festgelegt

Das umlaufende Geländeprofil wurde an die Höhe der Turmplattformen angepasst. Erste Einzeichnungen von Ringmauer, innerer Mauer und Straßenzügen vorgenommen.

05 Aufstellung der Unterkonstruktion und Beginn der Arbeiten bei Udo Schlemmer in Oberursel

Das Eingangsportal auf seinem Sockel

Die Ringmauer wird auf Stelzen gestellt

Ein erster Gesamteindruck wird möglich

Das Gelände um die Ringmauer herum wird modelliert. Oben der Wald vom „Köppche", vorn die Wiesen im Hain

Der Standort der Kirche im Modell, links oben der letzte heute noch stehende Turm in der Grabenstraße

Das ehemalige Schloss (Jagdschloss) wird im Modell platziert

Eine Abordnung von Altschloßbornern, Hermann Gossenauer, Friedel Conrady, Peter Hofmann, Joachim Frankenbach und mir, legen vor Ort in Oberursel, zusammen mit Herrn Schlemmer die Straßenführung und weitere Details wie Häuser- und Brunnenstandorte oder den Verlauf der inneren Ringmauer fest. Sogar über die Anpflanzungen in den Gärten wurde diskutiert und verschiedene Änderungen vorgenommen. Peinlich genau wurde darauf geachtet, kein Gemüse aus der „Neuen Welt" darzustellen, sondern nur einheimische und hier bei uns im 15. Jahrhundert bekannte Sorten.

Die Standorte der „Hirtenhäuser" in der Hirtengasse wurden besprochen und festgelegt. Viele Häuser wurden als „zu groß" empfunden und Udo Schlemmer versprach uns, soweit möglich, kleinere Modelle mit Stroh gedeckten Dächern zu besorgen.

Die aus Pappe vorgefertigte Schablone der Straßenführung. Eingezeichnet sind Langstraße mit Metzgerberg, Hirtengasse, Born- und Schustergasse, Pfarrgasse, Burgstraße mit Erbsengasse und einer heute nicht mehr vorhandenen Verbindung zum Ortsmittelpunkt am Backes.

Die Pappschablonen wurden später durch Sperrholz ersetzt

06   Ortsgestaltung

Zuerst wurde der Abschnitt „Schloss mit Herrengarten" gestaltet

Auch der Burggraben und die Vegetation vor dem Tor werden sorgfältig ausgeführt

Der Turm, dessen Fundamente im Keller des heutigen Hauses „Klomann/Burgstraße" zu finden sind

Der Bereich „heutige Grabenstraße" und „Köppche"

Die 3 Hirtenhäuser und ein Turm, dessen genauer Standort im Bereich Bienengarten bis heute nicht 100%ig ermittelt werden konnte

Blick auf Schloss und Herrengarten

Der herrschaftliche Bereich war durch eine innere Mauer vom übrigen Dorf abgetrennt. Unterhalb des Schlosses befand sich eine Pforte in der Ringmauer, durch welche die Herrschaft das Dorf unbemerkt in Richtung Brandweiher (heute Caromber Platz) verlassen konnte.

Der letzte, heute noch stehende Turm (-stumpf) in der Grabenstraße

07   Die erste Kirche wird verworfen

Im Hintergrund ein Modell der ersten Kirche

Die erste Kirche des Modells wurde aus Fertigbauteilen gefertigt. Sie entsprach in vielen Details meiner ersten Skizze, hatte aber für eine Kirche aus dem 11. Jahrhundert viel zu große Fensteröffnungen. Die Kirche im Modell stand ja in Realität von 1043 bis 1713, und das war mit dieser Kirche nicht vereinbar. Ich suchte also eine noch existierende Steinkirche, wenn möglich aus unserer näheren Umgebung, aus dieser Zeit und da fiel mir nur eine ein: Die „Berger Kirche" bei Niederbrechen. Ich machte Fotos von allen Seiten und schickte sie zu Udo Schlemmer. Er machte uns ein Angebot, was ein genauer Nachbau kosten würde. Die Sonderausgaben wurden mit dem Vorstand abgesprochen und genehmigt. Das Aussehen unserer „Bardo-Kirche" im Modell ist somit zeitgemäß und unsere „echte" Steinkirche hatte mit Sicherheit eine gewisse Ähnlichkeit. Erzbischof und Reichskanzler Bardo weihte unsere Kirche persönlich im November 1043 in Schloßborn.

Die Berger Kirche bei Niederbrechen, in ihrem romanischen Baustil, diente als Vorbild für unsere Kirche aus dem 11. Jahrhundert, die „Bardo-Kirche"

Innenansicht der Berger Kirche

08   Das alte Dorf entsteht

Die „Bardo-Kirche" zum ersten Mal im Modell

Viele Häuser suchen noch „ihren Platz"

Auch der Schützenhof ist noch nicht im Modell

Neue Eindrücke...

...aber überall noch Baustellen

09 Sonderanfertigungen Schützenhof und Haus Langstraße 16

Schützenhof

Außer der „Bardo-Kirche" aus dem 11. Jahrhundert wurden auch die heute noch stehenden Gebäude „Schützenhof" und „Haus Langstraße 16" speziell für das Modell nachgebaut. Beide Häuser gehören zu den ältesten Gebäuden Schloßborns. Im Dachgebälk des Schützenhofs ist die Jahreszahl 1351 eingestemmt. Er stand also sogar schon vor der Errichtung der Ringmauer und gilt damit als ältestes, heute noch stehendes Gebäude Schloßborns.

Haus Langstraße 16

Langstraße 16

Schützenhof um 1900

10   Ausarbeitung der Details

Zum Abschluss der Arbeiten wurden noch Bäume, Sträucher, Felder, Blumen, Gemüsegärten, Gras sowie Menschen und Tiere hinzugefügt. Auch wurde darauf geachtet, nicht alle Gebäude im „Neuzustand" erscheinen zu lassen. Die Grundidee hinter dem Modell ist ja, Schloßborn im 15. Jahrhundert möglichst realistisch abzubilden.

Um diesem Vorsatz gerecht zu werden, wurde versucht die damaligen Menschen bei der Ausübung typischer Tätigkeiten abzubilden. Es gibt den hammerschwingenden Schmied, Landarbeiter die Heu machen, Bauern mit Ochsengespannen und Pferdefuhrwerken, Frauen die Brot backen, Mägde beim Pflanzen im Herrengarten, holzhackende oder schweine- und rinderhütende Männer, Mönche und Priester, sowie eine kleine Anzahl aus Eppstein stammender Ritter.

Ansicht des Dorfmittelpunkts mit Borngasse

Im Vordergrund der herrschaftliche Garten

11   Transport nach Schloßborn

Das herausgehobene Mittelteil von hinten

Eines der vier Eckteile

Das demontierte Modell im Hause Schlemmer

Christian Göbel und Armin Rehme helfen beim Abtransport

Der 2. LKW nahm drei Tischgestelle auf

Das Mittelteil tragen Udo Schlemmer und sein Sohn persönlich. Im Hintergrund Joachim Frankenbach, Manfred Kunz und Felix Klomann

Auch Peter Frankenbach und Erich Lange packen mit an

Ausladen in Schloßborn. Alle helfen mit

Das Mittelteil ist wieder „Chefsache"

„Luft anhalten" beim Treppensteigen

12   Wiederaufbau in Schloßborn

Alle vier Segmente werden mit Hilfe der höhenverstellbaren Füße ausgerichtet und miteinander verschraubt.

Zum Schluss wird das Mittelteil in das Modell abgelassen

Ansicht noch ohne Ringmauer

Das Wappen von Schloßborn gehörte nicht zum Lieferumfang und wurde später hinzugefügt. Der Entwurf und der 3D-Druck wurden von Oliver Kieser/Kelkheim nach meinen Wünschen ausgeführt.

Das wieder zusammengebaute Modell erhält noch seine Verkabelungen. Ringmauer und Türme sind mit Beleuchtungen versehen. Das Feuer der Schmiede und ein Lagerfeuer glimmen. Der Schmied schwingt seinen Hammer auf den Amboss, ein Geräusch ertönt. Die Hühner gackern im Herrengarten und vor dem Haupttor schwingen Bauern ihre Sensen. Und wer genau hinschaut, erkennt sogar zwei Hirsche, die ihre Kräfte miteinander messen. In unmittelbarer Nähe des Kampfplatzes der Hirsche, entdeckte Jürgen Grossmann im Jahr 1997 den damals größten Mittelalter-Münzschatz Deutschlands mit etwa 8000 Münzen. Übrigens: Alle Zusatzfunktionen können über Schalter einzeln angesteuert werden.

13   Detailfotografie

Fotograf Markus Tiedtke und Udo Schlemmer leuchten das Modell professionell aus

Blick in die heutige Langstraße, links der Schützenhof

Markus Tiedtke fotografierte unser Modell für seine Zeitschrift „Die Modellbahn-Schule". Einige Fotos aus dieser Session sind nachfolgend dargestellt:

Bauern (Leibeigene) und Ritter vor dem Haupttor

Beim Sensen

Ein Pferdeknecht mit zwei Dienern Gottes, wahrscheinlich von St. Stephan zu Mainz, im Gespräch. Der Pfarrbezirk Schloßborn wurde spätestens 992, durch eine Verfügung des Erzbischofs und Reichskanzlers Willigis, den Brüdern von St. Stephan zur Verwaltung übergeben.

Die Herren von Eppstein durchreiten das Haupttor

Ein Bauer mit seinem Esel in der Langstraße

Ritter vor dem Schützenhof

Ritterspiele im heutigen Hof des Heimatmuseums

Kirche mit Friedhof und Brunnen (verbürgt) am Fuß der Kirchentreppe

Eine Beerdigung

Die dem heiligen Andreas geweihte „Bardo-Kirche" von 1043

Ortsmittelpunkt „Backes" mit Backesbrunnen (verbürgt)

Ein „Hirtenhaus" in der heutigen Hirtenstraße

Höchster Punkt innerhalb der Ringmauer, oberer Metzgerberg

Schmiede, Standort zwischen Hirtenstraße und Metzgerberg (verbürgt)

Schafe aus dem Bereich Hirtenstraße und Getreidefelder innerhalb der Ringmauer, dahinter ein Holzlagerplatz

Mägde beim Arbeiten im Herrengarten

Pferde und Hühner im Hof des Herrenhauses

Das herrschaftliche Schlossgebäude

Das Schlossgebäude entstand schon 1369 und ist heute im Besitz der Familie Becht/Burgstraße. Es wurde zuerst als Jagdschloss der Ritter zu Eppstein erbaut und 1442 mit einer 700 Meter langen Ringmauer umgeben. In diesem Gebäude, damals eine Gaststätte, feierte der berühmte Räuberhauptmann Johannes Bückler, genannt der Schinderhannes, den Jahreswechsel 1800 auf 1801. Seinen Wohnsitz hatte er in dieser Zeit für mehrere Wochen auf der Schloßborner Hasenmühle als „Gast" des Müllers Andreas Kowald. Noch lange nach seiner Hinrichtung im November 1803, wurden die Schloßborner überall im Land als „die Schinderhannese" bezeichnet.

Die Eppsteiner Ritter reiten durch das Tor der inneren Mauer, welches sich in der Burgstraße, etwa Höhe des Eingangstores zum Hof des Heimatmuseums, befand.

14   Totaldarstellungen

Das Modell der Schloßborner Ringmauer erregte in der überörtlichen Presse doch einiges an Aufmerksamkeit. Sogar der Hessische Rundfunk bat um einen Ortstermin. Ein Fernsehbericht über unser Modell wurde am 4. April 2020 in der HR-Sendung „Maintower" ausgestrahlt. Der Titel lautete **„Hessens kleinste Stadt"**!

Abrufbar ist der Fernseh-Beitrag des Hessischen Rundfunks dauerhaft in YouTube unter „Hessens kleinste Stadt". Bis Ende Februar 2023 wurde er bereits von knapp 4000 Besuchern heruntergeladen.

Schloßborn im 15. Jahrhundert so realistisch wie möglich darzustellen, lautete unser Auftrag. Leider war auf allen unseren Fotos im Hintergrund die Einrichtung des Heimatmuseums zu erkennen. Um ein realistisches Gesamtbild zu erzeugen, musste das Modell in die Taunuslandschaft, mit großem Feldberg im Hintergrund, eingepasst werden. Aus diesem Grund nahm ich Kontakt zu Horst Frankenbach auf, der mit Drohnentechnik schon einige Luftaufnahmen von Schloßborn gemacht hatte. Durch geschicktes Retuschieren wurden störende, neuzeitliche Gebäude entfernt, um so einen möglichst realistischen Blick auf Schloßborn im 15. Jahrhundert zu erschaffen. Als Standort des Betrachters, kann ungefähr das im Westen von Schloßborn gelegene Butznickel-Plateau angenommen werden.

In Farbe tagsüber

Bilder in verschiedenen Größen und Postkarten können über den Autor unter CKlomann@aol.com beim Heimat- und Geschichtsverein Schloßborn erworben werden

schwarz/weiß tagsüber

schwarz/weiß im Mondschein

Postkartenentwurf nachts

Postkartenentwurf tagsüber

Weitere Publikationen des Autors:

„Des Bischofs Kirche im Wald", 2017, BoD, erhältlich beim Autor
„Kleines Schloßborner Hausbuch",2020, BoD, ISBN 978-3-75043-583-4